JUEGO DE

Mestre Bimba
y el arte
de la capoeira

LIBERTAD

por

DUNCAN
TONATIUH

ABRAMS BOOKS FOR YOUNG READERS

NUEVA YORK

Las ilustraciones en este libro fueron dibujadas a mano y coloreadas con collage digital.

Un glosario y una guía de pronunciación con las palabras en portugués se encuentran al final del libro.

Se ha solicitado su catalogación por la Biblioteca del
Congreso de Estados Unidos (en proceso).

ISBN 978-1-4197-6850-7

Abrams® es una marca registrada de Harry N. Abrams, Inc.

ABRAMS The Art of Books
195 Broadway, New York, NY 10007
abramsbooks.com

A mis amigos Longe do Mar. ¡Axé!

Manoel bajo corriendo por las calles empedradas. Podía escuchar el sonido del berimbau. Al acercarse, pudo ver un círculo de personas aplaudiendo y cantando. Una meia lua cortó el viento. El ataque fue esquivado y seguido de un aú. Dos jóvenes estaban en el centro de la roda jugando capoeira. Bimba, como todos llamaban a Manoel, quería jugar también. Le encantaba la capoeira, con sus patadas y acrobacias ejecutadas al ritmo de la música.

Bimba miró a su alrededor. Todos los capoeiristas eran hombres negros.
A principios del siglo xx la mayoría de las personas en la ciudad de Salvador,
y en el estado de Bahía donde él vivía, también eran negros. Al igual que él,
eran descendientes de personas africanas que habían sido traídas a la fuerza
por los portugueses a Brasil, su nueva colonia, para trabajar como esclavos.

En esta nueva tierra, las creencias y costumbres que los esclavizados habían traído de sus diferentes naciones africanas se mezclaron y se adaptaron a su nueva realidad. De esta mezcla nacieron nuevos tipos de música, como la samba, y nuevas religiones, como el candomblé. Otra de estas expresiones culturales fue la capoeira, que combinó música, lucha, juego y danza.

En la década de 1910, cuando Bimba era un adolescente, los ricos y poderosos de Salvador eran en su mayoría blancos. A ellos no les importaban estas expresiones negras. A menudo las desdeñaban, en especial la capoeira, que les parecía una salvajada practicada por malandros.

Bimba no se sorprendió de que, antes de poder entrar a la roda,
alguien gritara: «¡La policía!». Todos corrieron. Era ilegal jugar
capoeira en las calles. Los policías golpeaban y metían a la cárcel
a los capoeiristas que atrapaban. «Nos tratan como perros», pensó
Bimba mientras escapaba.

Bimba empezó a trabajar en los muelles desde joven. Ahí aprendió a jugar capoeira a los doce años con el capitán de un barco. Cuando no estaba trabajando, Bimba le enseñaba capoeira a otros. Pero con el paso de los años comenzó a frustrarse. Mucha gente en Salvador no respetaba la capoeira. Estaba cansado de ser perseguido cada vez que jugaba.

Bimba decidió desarrollar un nuevo estilo de capoeira. Quería revolucionar el juego y demostrar que podía ser un arte marcial efectiva. Incorporó movimientos nuevos a su estilo de jogo. Algunos provenían del batuque, un tipo de juego y combate que practicaba su padre y que era popular en Salvador. Bimba decidió llamar a su nuevo tipo de capoeira Luta Regional Baiana, abreviada «regional».

En 1932 Bimba abrió una academia para enseñar regional. Se convirtió en un mestre, un maestro de este arte. Era la primera vez que la capoeira era enseñada en un aula de una manera estructurada. Hasta ese entonces las personas aprendían a jugar en en la calle viendo cómo lo hacían otros e imitándolos.

Reglas:
Usar un uniforme blanco.
No fumar o tomar bebidas alcohólicas.
Tener un trabajo o estar en la escuela.

Mestre Bimba quería que la capoeira perdiera su mala reputación. Así que estableció reglas estrictas para todos sus estudiantes. Las reglas y la disciplina, similar a la de otros deportes, ayudaron a que universitarios y doctores, que antes despreciaban la capoeira, comenzaran a tomar clases con el mestre.

Bimba además desarrolló un método de enseñanza para la regional.
El primer movimiento que un estudiante aprendía era la ginga,
que quiere decir balanceo. En la capoeira un jugador nunca está
estático. Siempre se está moviendo y la ginga es el movimiento
básico. «La capoeira no existe sin la ginga», decía el Mestre.

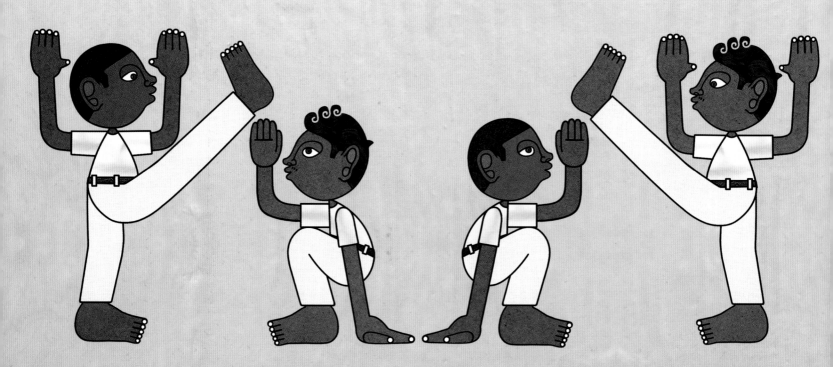

Después de dominar la ginga los estudiantes aprendían una secuencia de movimientos que practicaban en parejas. Algunos movimientos eran ataques, otros defensas y otros eran desequilibrantes. El mestre creó estas secuencias para que los estudiantes desarrollaran de una manera rápida las habilidades necesarias para jugar bien.

Una vez que un estudiante podía ejecutar las secuencias estaba listo para su batizado, y jugaba en la roda con un alumno más avanzado al ritmo de la música y las canciones. Después de jugar, el estudiante novato recibía un apodo del mestre. Los capoeiristas tenían la costumbre de usar apodos para que la policía no pudiera identificarlos con facilidad cuando jugaban en la calle.

El mestre organizaba ceremonias de graduación para estudiantes más experimentados. A estos eventos acudían invitados. Los estudiantes tenían que ejecutar movimientos avanzados, cantar y jugar capoeira siguiendo diferentes toques de berimbau. Si superaban las pruebas, los estudiantes recibían un pañuelo de seda que se amarraban en el cuello. El color del pañuelo dependía del nivel del alumno.

Después de haber enseñado regional a un buen número de
estudiantes, mestre Bimba decidió que era hora de probar su
estilo contra capoeiristas que no entrenaban con él. Bimba
y sus alumnos empezaron a ir a diferentes rodas en la calle.
Cuando el mestre y sus estudiantes se presentaban, dominaban
el jogo con sus cabeçadas y vingativas.

Los jugadores que no conocían al mestre quedaron impresionados
con sus habilidades y sus movimientos precisos. Bimba empezó
a adquirir fama de gran capoeirista en la ciudad de Salvador.
Pero el mestre no estaba satisfecho. Fue a uno de los principales
periódicos de Bahía y lanzó un reto público a todos los peleadores
de la ciudad.

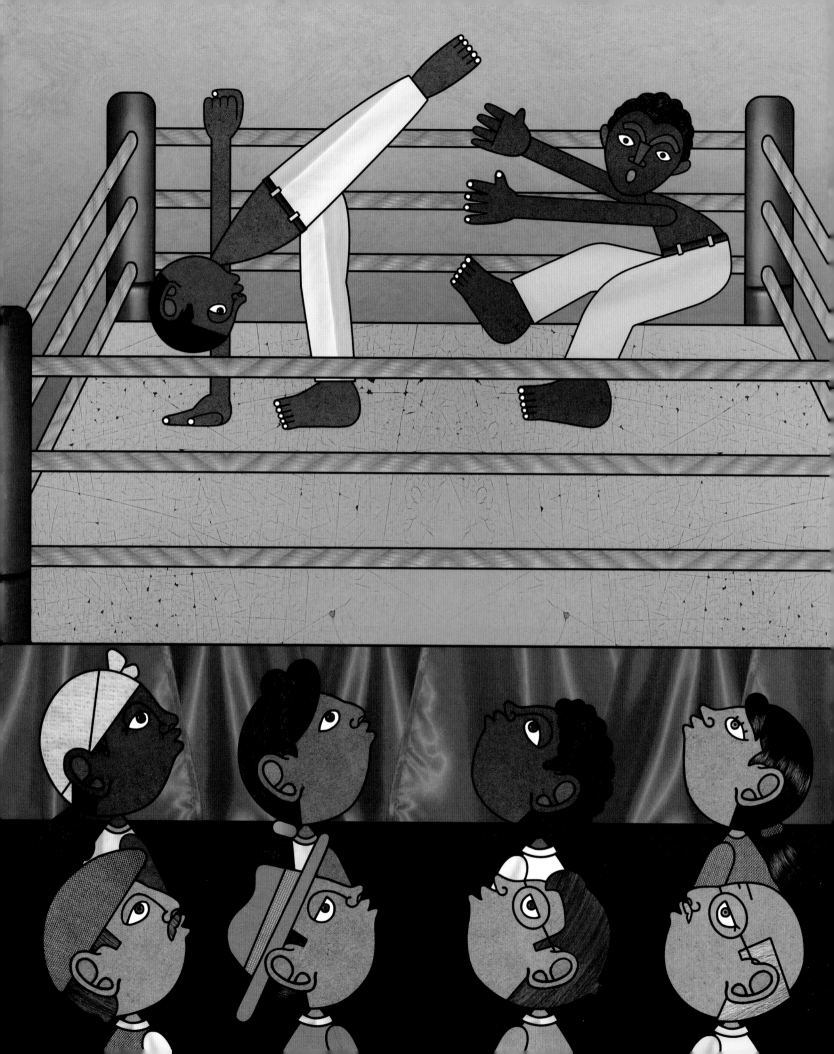

Entre 1935 y 1936 varios peleadores respondieron a su reto. Los combates acontecieron en un parque recientemente inaugurado. Aún era ilegal jugar capoeira en las calles, pero como las peleas eran dentro de un ring, las autoridades permitieron que el mestre y otros capoeiristas participaran. Las peleas eran eventos emocionantes. Las personas compraron boletos para ver a Bimba pelear.

Pero los combates eran diferentes a la capoeira que se jugaba en las rodas. No había berimbau, pandeiros o música y los peleadores trataban de golpear a su contrincante con rapidez. Bimba venció a todos sus oponentes con sus poderosos rabos de arraia.

CAMPEÃO

El mestre fue nombrado campeón bahiano de capoeira y sus victorias aparecieron en los periódicos. Bimba se sentía satisfecho. Había demostrado que la capoeira podía ser un arte marcial efectiva. Pero se encontraba en una encrucijada. ¿Qué camino debía de tomar su capoeira? ¿Debía convertirse en un deporte practicado en el ring? ¿O debía de continuar siendo un jogo en la roda?

El mestre no tardó en elegir su camino. La capoeira para él era más que un arte marcial. Era también un arte musical y mestre Bimba era talentoso e innovador con el berimbau.

El juego era además una celebración de la cultura bahiana. Las canciones y relatos de capoeira a menudo hablaban acerca de la historia de las personas negras en Brasil y de la resistencia a la opresión que sufrían. El mestre no quería que se perdieran esos aspectos del jogo. «La capoeira no es una lucha para el ring», le dijo a sus alumnos, «es para la vida».

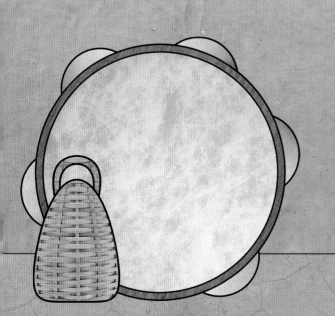

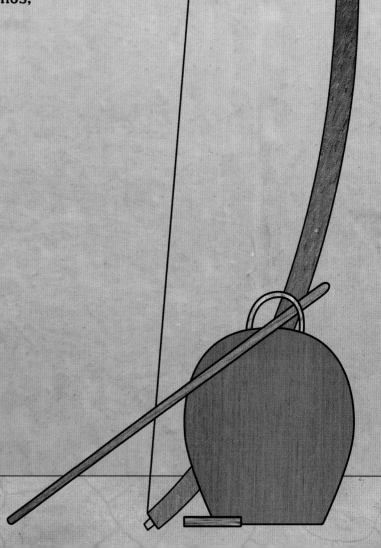

La academia de Bimba y sus combates en el ring ayudaron a que la capoeira en Salvador se hiciera popular entre nuevos segmentos de la población. El gobierno que ahora estaba en el poder era más tolerante hacia las expresiones culturales negras. En 1937 los esfuerzos del mestre rindieron frutos y su escuela fue reconocida de manera oficial por las autoridades de la ciudad.

En los siguientes años otros mestres abrieron sus propias academias y desarrollaron su visión del jogo. La capoeira en Bahía floreció y se convirtió en un arte del que todas las personas de Salvador, en especial las personas negras, se podían sentir orgullosas.

En la década de 1940 la fama de Bimba y de otros mestres bahianos continuó creciendo. Reportajes acerca del mestre siguieron apareciendo en periódicos. La persecución hacia los capoeiristas por parte de la policía era cada vez menor. Diferentes capoeiristas de Salvador empezaron a hacer exhibiciones del jogo. A menudo sus presentaciones incluían otras danzas y expresiones del folclor afrobrasileño.

Además comenzaron a viajar y a llevar la capoeira de Bahía
a Río de Janeiro, Sao Paulo y a otras partes de Brasil.

Y en 1953, ocurrió algo inolvidable. ¡Mestre Bimba y sus alumnos fueron invitados a dar una exhibición de capoeira para el presidente de Brasil! El presidente Getúlio Vargas quedó tan impresionado que dijo: «La capoeira es el único deporte verdaderamente nacional».

Poco tiempo después, la capoeira fue despenalizada. Dejó de ser un crimen practicarla en las calles y se convirtió en un tesoro brasileño.

Gracias a Bimba, a otros mestres y a sus alumnos la capoeira continuó expandiéndose. Las mujeres, que rara vez tenían oportunidad de participar en el jogo, a partir de la década de 1960 empezaron a jugarlo ampliamente. Hoy en día la capoeira es jugada en todo Brasil y en más de 150 países. La combinación de lucha, danza, música, acrobacia y juego enamora a personas de todas las edades y clases sociales.

En 1974 mestre Bimba falleció, pero su vida y sus logros han sido inmortalizados en muchas canciones de capoeira. Es sin duda una leyenda entre los que practican el jogo. Mestre Bimba dedicó su vida a la capoeira, y al hacerlo, ayudó a transformar una actividad afrobrasileña mal vista y perseguida en un arte que es practicada por millones alrededor del mundo.

GLOSARIO

Los idiomas español y portugués tienen muchos parecidos. Las vocales y la mayoría de las consonantes se pronuncian igual. En los casos en que alguna letra se pronuncie diferente incluí la pronunciación en paréntesis.

aú: un movimiento acrobático semejante a una vuelta de carro.

axé (*ashé*): energía, la palabra proviene del idioma yoruba.

batizado: bautismo

batuque: un juego de lucha que era popular en Bahía, pero que ya no es practicado. El padre de Bimba era un campeón de batuque. El juego se practicaba al ritmo de música y el objetivo era derribar al oponente mientras este resistía.

berimbau: un instrumento de percusión con forma de arco. El sonido que produce se genera al golpear el alambre del instrumento con una baqueta. Una moneda o piedra es presionada contra el alambre para generar diferentes tonos. Un guaje hueco se sujeta al arco de madera y al alambre para amplificar el sonido. A menudo es tocado mientras se sujeta en la mano una especie de sonaja llamada caxixi (*cashishi*).

cabeçadas: cabezadas.

candomblé: una religión afrobrasileña. En el candomblé se rinde culto a los orixás (*orishás*), deidades que provienen de religiones yorubas de África. Pero en el candomblé estos orixás están asociados con santos y festividades católicas.

capoeira: La palabra tiene varios significados. Es un juego atlético que se realiza al ritmo de la música. Pero también puede referirse a un área donde había árboles o matorrales que fueron cortados para la agricultura. Durante el período colonial en Brasil, los esclavos que trataban de escapar a menudo tenían que cruzar la capoeira. Algunos lingüistas creen que el nombre del juego y este otro significado están relacionados.

   La palabra también puede referirse a un tipo de cesto donde se guardan aves como gallinas y gallos, que en portugués son llamados capaõs. En el sigo XIX las personas que vendían estas aves a veces también eran llamados capoeiras. Algunos investigadores creen que el nombre del juego esta relacionado a este significado de la palabra y que los mercados fueron uno de los primeros lugares donde se jugó capoeira.

ginga (*llinga*): balanceo. La ginga es el paso fundamental de la capoeira. Consiste en balancear el cuerpo de adelante hacia atrás y de lado a lado al ritmo de la música.

jogo (*llogo*): juego

Luta Regional Baiana (*rellional*): Lucha Regional Bahiana

malandros: rufianes. En la capoeira la palabra ha asumido cualidades positivas. Un capoeirista que es malandro o tiene malandragem es hábil y astuto en su manera de jugar.

meia lua: media luna. Un tipo de patada circular.

mestre: maestro o aquel que tiene maestría en una disciplina. Es el grado más alto en la capoeira.

pandeiro: pandero.

quilombo: una comunidad creada por personas que anteriormente estaban esclavizadas. El quilombo del los Palmares fue el más famoso y más grande de ellos. Existió durante casi todo el siglo xv en lo que ahora es el estado de Alagoas. Llegó a tener casi 30.000 habitantes.

rabo de arraia: cola de mantarraya. Un tipo de patada circular.

roda: círculo o rueda. Los capoeiristas juegan dentro de una roda formada por otros capoeiristas que cantan, aplauden y tocan instrumentos de percusión.

samba: un genero de música y baile. La samba se originó en Bahía. Combina tradiciones musicales de África y de Europa. El género se volvió especialmente popular en Río de Janeiro en el siglo xx.

vingativa: un tipo de movimiento desequilibrante en el cual un capoeirista usa la torsión de sus hombros y caderas para derribar al otro jugador.

NOTA DEL AUTOR

Es difícil describir la capoeira a alguien que nunca la ha vivido. La capoeira se asemeja a un arte marcial porque involucra a dos personas que intercambian ataques y defensas utilizando patadas y movimientos acrobáticos. Pero la capoeira, a diferencia de muchas otras artes marciales, siempre se practica al ritmo de personas aplaudiendo, cantando y tocando instrumentos de percusión como el berimbau y el pandeiro.

Raramente hay ganadores y perdedores en la capoeira. Los jugadores que están dentro de la roda, el círculo del juego, por lo general no tratan de lastimar al otro con sus ataques. En cambio tratan de demostrar su astucia y habilidades. Un capoeirista juega contra la otra persona y, a su vez, con ella. El ritmo de la música determina que tan lúdico, agresivo o cooperativo es el juego.

Hay diferentes historias que intentan explicar el origen del jogo. Algunos mestres han dicho que sus raíces están en África. En la región de Angola, diferentes tribus practican el n'golo, un ritual en el que dos jóvenes luchan entre sí y que tiene algunos parecidos con la capoeira.

En el sigo XVI el imperio portugués empezó a comerciar personas esclavizadas de diferentes naciones africanas y a llevarlas a la fuerza a Brasil, su colonia en las Américas. Cientos de personas negras eran aprisionadas en condiciones inhumanas en el interior de barcos que cruzaban el océano Atlántico. El viaje duraba tres meses.

Esta horrenda practica duró alrededor de trescientos años. Aproximadamente cuatro millones de africanos fueron llevados a Brasil. Cientos de miles murieron en el camino. Las personas negras que llegaron a su nueva tierra no cargaban pertenencias, pero traían consigo sus creencias y costumbres. Algunos capoeiristas creen que una de estas costumbres era el n'golo, que con el tiempo se transformó en la capoeira.

Pero otros jogadores y mestres cuentan que el juego nació en Brasil y no en África. Dicen que el jogo fue desarrollado por personas esclavizadas que escapaban de las haciendas, donde eran obligados a cultivar caña y otras cosechas. Después de escapar, muchos de ellos crearon sus propias comunidades en la selva llamados quilombos. Algunos capoeiristas dicen que el juego nació ahí como una expresión de libertad a través de la música y el movimiento. Los dueños de las haciendas

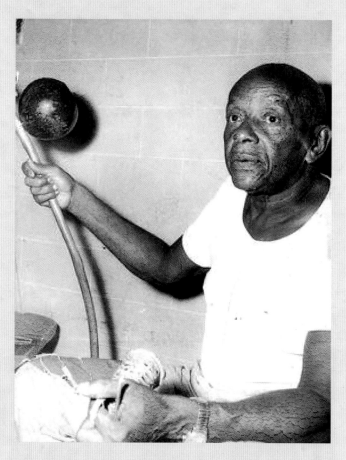

Mestre Bimba, creador de la capoeira regional (fecha desconocida).

a menudo atacaban estas comunidades e intentaban capturar otra vez a los que ellos decían ser de su propiedad. Pero los quilombos resistían estos embates. Algunos jogadores creen que la capoeira fue utilizada ahí como una forma de autodefensa.

Estos relatos se han vuelto parte de la identidad de la capoeira, pero la falta de evidencia histórica concreta hace difícil saber que tan ciertos son. Lo que es indudable es que la capoeira esta profundamente ligada a la historia de las personas negras en Brasil. Los primeros documentos históricos que mencionan a la capoeira son del siglo XIX. Demuestran que la capoeira era practicada en ciudades portuarias como Salvador y Río de Janeiro donde la mayoría de las personas eran descendientes de personas esclavizadas. Algunos historiadores creen que la capoeira surgió en estos centros urbanos y que comenzó como un juego que practicaban los hombres en sus momentos libres o mientras buscaban trabajo en mercados y muelles.

Los investigadores aún están descubriendo información y tratando de entender la historia del jogo. La capoeira a veces era tolerada por las autoridades,

Jogo da Capoeira por Johann Moritz Rugendas (1825) muestra brasileños de descendencia africana moviéndose al ritmo de la música. Algunos investigadores creen que esta es una de las primeras representaciones gráficas del juego de capoeira.

Dos jugadores acompañados por un berimbau y un atabaque.

pero en 1890, dos años después de la abolición de la esclavitud en Brasil, la práctica fue prohibida en todo el país. Los capoeiristas eran perseguidos de manera violenta por las autoridades. La sobrevivencia del jogo era incierta.

Manoel dos Reis Machado, mejor conocido como Bimba, nació en 1899 en la ciudad de Salvador en Bahía. Se convirtió en una importante y transformativa figura dentro de la capoeira. El talento de Bimba como educador y su habilidad para popularizar el jogo con nuevos segmentos de la población bahiana ayudaron a que la capoeira renaciera.

Los esfuerzos de Bimba acontecieron en un momento adecuado. Los políticos e intelectuales de Brasil en la década de 1930 estaban muy interesados en definir la identidad nacional. Querían determinar qué aspectos del país y el pueblo podían considerarse especialmente brasileños. Por lo tanto, se volvieron más tolerantes hacia expresiones culturales afrobrasileñas. Las primeras décadas del siglo xx fueron también una época donde había interés por parte del gobierno hacia los deportes y las artes marciales como una manera de mejorar al ejército.

Bimba se convirtió en un héroe para las personas de Salvador, pero no todos los capoeiristas compartían su visión del jogo, al que llamó Luta Regional Baiana. A finales de la década de 1930, otros mestres consolidaron la capoeira angola. Los proponentes de este estilo enfatizaron el aspecto lúdico del juego y sus raíces africanas. Con el tiempo fueron liderados por Vicente Ferreira, mejor conocido como mestre Pastinha. Pastinha era una persona carismática y su estilo de capoeira fue especialmente celebrado por intelectuales y artistas bahianos. La capoeira contemporánea, el estilo que es practicado por muchos capoeiristas alrededor del mundo hoy en día, evolucionó a partir de estas dos principales vertientes.

Bimba vio a la capoeira florecer y expandirse. Pero tristemente, a pesar de ser un héroe popular, mestre Bimba tenía problemas económicos. A los setenta y tres años decidió mudarse con su familia a Goiânia. Uno de sus estudiantes le había dicho que en esa ciudad podía encontrar buenas oportunidades enseñando capoeira. No fue así. Un año despues de mudarse, mestre Bimba

Dos jugadores acompañados por un berimbau y un pandero.

sufrió un derrame cerebral y murió en la pobreza. Algunos alumnos y amigos se esforzaron para traer sus restos a Bahía, donde creían que él pertenecía. Su epitafio dice "o rei da capoeira" (el rey de la capoeira).

En 2014 la capoeira fue nombrada Patrimonio Intangible de la Humanidad por la Organización de las Naciones Unidas para la Educación, la Ciencia y la Cultura. La UNESCO, por sus siglas en inglés, le otorgó este reconocimiento porque el juego fomenta la integración social y la memoria de la resistencia a la opresión histórica.

Yo he practicado capoeira por varios años. Me siento afortunado de que en *Juego de libertad* pude combinar mi pasión por el jogo y mi pasión por crear libros para niños. Espero poder introducir a los jóvenes lectores que no conozcan la capoeira a este hermoso arte y espero también que este libro honre a una de sus más grandes leyendas. ¡Axé!

Niños jugando capoeira al ritmo del berimbau.

NOTAS FINALES

Nos persiguen como perros, Alves de Almeida, *Bimba: perfil do mestre*, página 14.

Cita original: «La policía perseguía a los capoeiristas como si persiguieran a un perro salvaje».

«La capoeira no existe sin la ginga», Alves de Almeida, *Bimba: perfil do mestre*, página 27.

«La capoeira no es para el ring. Es para la vida». Assunção, *Capoeira: The History of an Afro-Brazilian Martial Art*, página 131.

Cita original: «Mi Regional no es una lucha para el ring, pero para cualquier situación de la vida real.»

«La capoeira es el único deporte verdaderamente nacional». Assunção, *Capoeira: The History of an Afro-Brazilian Martial Art*, página 137.

BIBLIOGRAFÍA

Abreu, Frederico José de. *Bimba é bamba: a capoeira no ringue*. Salvador: Instituto Jair Moura, 1999.

Almeida, Bira. *Capoeira: A Brazilian Art Form*. Berkeley, CA: Blue Snake Books, 1986.

Alves de Almeida, Raimundo Cesar (Mestre Itapoan). *Bimba: perfil do mestre*. Salvador: CED-UFBA, 1982.

Assunção, Matthias Röhrig. *Capoeira: The History of an Afro-Brazilian Martial Art*. Nueva York: Taylor & Francis, 2005.

Campos, Helio (Mestre Xaréu). *Capoeira Regional: a escola de mestre Bimba*. Salvador: EDUFBA, 2009.

Contemporary Capoeira. capoeirahistory.com

Goulart, Luiz Fernando. *Mestre Bimba, a Capoeira Iluminada*. Rio de Janeiro: Lumen Produçoes, 2005.

Instituto do Patrimônio Histórico e Artístico Nacional. *Roda de Capoeira e Ofício dos Mestres de Capoeira*. Brasília: Iphan, 2014. (portal.iphan.gov.br/uploads/publicacao/DossieCapoeiraWeb.pdf)

Tour capoeirístico virtual da Bahia. *Mapa da Capoeira*. mapadacapoeira.com.br

UNESCO. *Capoeira circle*. ich.unesco.org/en/RL/capoeira-circle-00892